제주가 궁금하우꽈?

초판 1쇄 발행 2023년 10월 25일 | **초판 2쇄 발행** 2024년 6월 28일
글쓴이 김영숙 | **그린이** 나오미양
펴낸이 홍석 | **이사** 홍성우 | **편집부장** 이정은 | **책임편집** 조유진 | **디자인** 권영은 · 김영주
마케팅 이송희 · 김민경 | **제작** 홍보람 | **관리** 최우리 · 정원경 · 조영행
펴낸곳 도서출판 풀빛 | **등록** 1979년 3월 6일 제2021-000055호 | **제조국** 대한민국 | **사용연령** 8세 이상
주소 서울특별시 강서구 양천로 583 우림블루나인 A동 21층 2110호
전화 02-363-5995(영업) 02-362-8900(편집) | **팩스** 070-4275-0445
전자우편 kids@pulbit.co.kr | **홈페이지** www.pulbit.co.kr | **블로그** blog.naver.com/pulbitbooks | **인스타그램** instagram.com/pulbitkids

ISBN 979-11-6172-621-2 73980

ⓒ 김영숙, 나오미양 2023

*책값은 뒤표지에 표시되어 있습니다.
*종이에 베이거나 긁히지 않도록 조심하세요. 책 모서리가 날카로우니 던지거나 떨어뜨리지 마세요.
*파본이나 잘못된 책은 구입하신 곳에서 바꿔 드립니다.

 차례

작가의 말 … 6

설문대 할망 신화 … 10
  설문대 할망이 알려 줄게 ① 화산 활동으로 만들어진 제주 … 22
  설문대 할망이 알려 줄게 ② 한라산 … 24
  설문대 할망이 알려 줄게 ③ 제주의 오름 … 26
바위가 된 박씨 여인 … 28
  신화 따라 이곳저곳 … 32

자청비 신화 … 38
    자청비가 알려 줄게 ① 삼다삼무의 섬 … 50
    자청비가 알려 줄게 ② 제주 사람들의 의식주 … 52
    자청비가 알려 줄게 ③ 제주의 아픈 역사 … 58
땅에서 솟은 세 신선 … 60
해와 달을 떨어뜨린 대별과 소별 … 65
    신화 따라 이곳저곳 … 70

영등 할망 신화 … 74
    영등 할망이 알려 줄게 ① 제주 바다 … 82
    영등 할망이 알려 줄게 ② 해녀 … 84
    영등 할망이 알려 줄게 ③ 항해와 표류 … 88
하늘로 오르지 못한 용 … 90
은혜 갚은 인어 … 94
    신화 따라 이곳저곳 … 98

놀멍 쉬멍 제주어 알아보기 … 102

작가의 말

제주,
아름답고 재미있는 보물섬

"제주가 굼굼하우꽈?"

무슨 말인지 한 번에 이해했나요? 혹시 '궁금'을 '굼굼'으로 잘못 적었다고 생각하진 않았나요? '굼굼하다'는 '궁금하다'라는 뜻의 제주어예요. 제주는 오랜 기간 '탐라'라는 독립된 나라이기도 했고, 고립된 환경 때문에 언어와 문화가 한반도 육지와는 다른 점이 많아요.

섬 한가운데 우뚝 솟은 한라산, 그 곁의 수백 개의 오름, 너른 들, 생명력이 넘치는 푸른 바다. 제주의 자연은 특별해요. 우리나라를 넘어 전 세계가 지켜야 할 인류의 보물로 여길 만큼요.

제주를 더욱 특별하게 만드는 것은 제주 곳곳에 살아 있는 이야기예요. 산, 들, 바다 어디에나 이야기가 있어요. 태초의 제주를 만든 설문대 할망, 강인한 농경 여신 자청비, 바람을 몰고 다니며 바다의 풍요를 선물하는 영등 할망……. 제주의 신들은 이야기 속에만 있지 않고 제주 사람들과 함께 살아왔어요.

제주 사람들은 바다 건너 세상이 궁금하여, 늘 이야기를 상상하며 살았어요. 상상력은 바다 건너 육지로, 한라산 너머 하늘로, 바다 깊은 곳으로 뻗어 갔어요. 그리고 상상이 닿은 곳마다 싹튼 이야기가 지금 여기 바로 우리에게 닿았지요.

제주는 아름다운 자연과 재미있는 이야기를 품은 보물섬이에요. 자연이 품은 멋진 이야기를 따라 특별한 제주 여행 떠나 보아요. 수많은 이야기에 나의 상상을 더해 가면서요.

또 하나의 상상을 더하며

김영숙

설문대 할망 신화

우르르 뿡뿡 콰과광!

한 할머니가 잠에서 깨 방귀를 뀌기 시작했어요.

엄청난 방귀 힘으로 세상에 없던 섬 제주가 생겨났어요. 이 굉장한 방귀쟁이는 바로 설문대 할망이에요. 키와 몸집이 얼마나 큰지 바닷물이 무릎에도 안 닿을 정도였지요.

설문대 할망의 방귀로 생겨난 제주에서는 굉음과 함께 불꽃이 일어 하늘로 솟아올랐어요. 할망은 바닷물을 퍼 불을 껐어요.

"아이코, 불이 나면 큰일이지."

그리고는 치마폭에 흙을 담아 섬 한가운데에 옮겨 놓았어요. 치마가 얼마나 큰지, 치마폭에 담긴 흙으로 커다란 산 하나가 뚝딱 만들어졌지요. 그런데 산을 짓고 보니, 너무 높았어요.

"이러다 산이 하늘에 닿겠는걸?"

곰곰 생각하던 할망은 뾰족한 산봉우리를 떼어 던져 버렸어요. 움푹 파인 봉우리가 마음에 든 설문대 할망은 내친김에 이름도 붙여 주었어요.

"산꼭대기가 하늘의 은하수를 잡아당길 수 있을 만큼 높구나……. 그렇다면 은하수 한(漢), 붙잡을 라(拏)를 써서 '한라산'이라고 하자."

이렇게 해서 한라산이 만들어졌어요.

할망이 떼어서 버린 산봉우리는 어떻게 되었냐고요? 한라산 서쪽에 떨어져 산방산이 되었어요. 흙을 옮길 때 치마 사이로 흘러내린 흙은 크고 작은 오름이 되었고요.

어느 정도 섬의 모습이 갖춰지자 할망은 제주를 풍요롭게 만들기 시작했어요. 할망의 몸에 난 털은 풀과 나무가 되었고, 할망이 눈 오줌에서는 온갖 해초와 전복, 소라, 문어, 물고기들이 나와 바다를 가득 채웠지요. 과연 설문대 할망은 솜씨 좋은 큰손이 틀림없었어요.

"에고, 이제 좀 쉬어 볼까."

한바탕 일을 마친 할망이 한라산을 베개 삼아 누웠어요. 그러자 다리가 북쪽 바다에 있는 조그만 관탈섬에 걸쳐졌어요. 머리는 산에 두고, 발은 바닷물에 담그니 시원하고 편안했어요.

하늘 한 번 보고, 땅 한 번 쓰다듬고. 노래 한 번 부르고, 장단 맞춰 물장구 한 번 치고. 할망이 뒤척이면 땅이 요동치고, 발장구를 치면 파도가 일었지요.

　섬 하나를 뚝딱 일굴 만큼 모든 것을 다 가진 설문대 할망이었지만, 할망에게도 부족한 게 있었어요. 바로 옷이 딱 한 벌뿐이라는 것이었지요. 그래서 할망은 매일매일 부지런히 빨래를 했어요.

　"이엿싸, 빨래하러 가세."

　할망은 한라산에 엉덩이를 떡하니 걸치고 앉아서 왼쪽 다리는 북쪽 관탈섬에, 오른쪽 다리는 남쪽 지꾸섬에 올리고

열심히 옷을 빨았어요. 성산 일출봉을 빨래 바구니, 우도를 빨랫돌 삼아 옷을 두드리고 비비고 헹구니 하늘과 땅이 온종일 흔들렸지요.

제주에 터를 잡은 사람들이 할망에게 물었어요.

"할망은 왜 만날 빨래를 하오?"

"옷이 한 벌밖에 없으니 그렇지."

"그게 정말이우꽈? 제주의 모든 것을 할망이 만들었으면서, 어찌 할망 옷은 한 벌뿐이오? 맡겨 주시오. 우리가 옷 한 벌 지어 드리리다."

"더 급한 건 속옷이라네."

할망은 옷도 옷이지만 제대로 된 속옷이 한 벌도 없었어요. 매일 빨래할 때마다 입고 있는 옷을 벗어 맨몸이 되니 여간 불편하고 부끄러운 게 아니었지요.

"내게 명주로 속옷을 지어 주면, 바다 건너 육지로 갈 수 있는 다리를 놓아 주겠네."

"정말이우꽈? 좋수다!"

속옷을 지어 준다는 말에 할망은 기뻐서 덩실덩실 춤을 추었어요. 그 바람에 한라산이 흔들, 바닷물이 출렁거렸지요. 제주 사람들도 기쁘기는 마찬가지였어요. 다리만 생기면 바다 건너 세상을 오갈 수 있으니까요.

"할망이 아무리 크다 해도 속옷 하나쯤이야!"

사람들은 새로운 세상을 만날 수 있다는 꿈에 부풀어 속옷을 지을 명주를 모았어요. 그런데 이를 어째요? 제주에 있는 명주란 명주는 죄다 끌어모았는데도 99통이 전부였어요. 할망 몸에 맞는 속옷을 지으려면 적어도 명주 100통은 있어야 했지요. 명주 100통이 어느 정도냐면 어른 옷 5천 벌을 지을 수 있는 양이에요.

사람들은 머리를 맞댔어요. 그러나 제주에서 명주를 더 구할 방법은 없었지요. 어쩔 도리가 없으니 아쉬운 대로 속옷을 지었어요.

"할망, 할망! 어서 옵서. 부탁했던 속옷을 만들었수다."

할망은 바로 속옷을 입어 보았어요. 그런데 명주가 모자란 바람에 속옷에 커다란 구멍이 나 있었어요. 우스운 꼴이 된 할망은 화가 났어요. 기대가 컸으니 실망도 클 수밖에 없었지요.

"다들 고생 많았네. 그런데 속옷을 완성하지 못했으니 다리를 놓아 줄 수는 없겠네."

그렇게 영영 제주는 사방이 바다로 둘러싸인 섬이 되었어요. 지금까지도요.

새 옷을 얻지 못한 설문대 할망은 제주의 오름과 바다를 놀이터 삼아 놀았어요. 하지만 오름은 작고, 바다는 얕아서 금세 시시해졌지요. 할망은 자신이 잠길 만한 깊은 곳이 있는지 시험해 보기 위해 이곳저곳에 들어가 보았어요. 수심이 깊기로 유명한 용연 계곡은 겨우 발등까지, 쇠소깍은 고작 무릎까지 잠길 뿐이었어요.

"아무렴, 나보다 더 큰 것은 없지."

할망은 자신의 큰 키가 자랑스러웠어요.

어느 날 할망은 한라산 중간쯤에 있는 아주 커다란 습지 물장오리에 슬쩍 발을 담가 보았어요. 그런데 이게 웬일이게요? 할망 발이 쑥 빠지더니 끝도 없이 빨려 들어갔어요. 물장오리에는 바닥이 없다는 걸 할망이 미처 생각하지 못한 거예요. 그렇게 할망은 물장오리 밖으로 나오지 못하고 죽고 말았지요.

설문대 할망 죽음에 관해 전해지는 또 다른 이야기도 들려줄게요.

할망은 아들 500명과 함께 한라산에서 살았어요. 아들이 많아 든든했지만, 매일 500명이 먹을 끼니를 해결하는 일이

만만치 않았어요.

"애들아, 흉년까지 들어 더 이상 먹을 게 없다. 나가서 먹을거리 좀 구해 오거라."

"네, 어머니. 다녀오겠습니다."

아들들이 나간 사이 할망은 커다란 가마솥에 죽을 끓이기 시작했어요. 아들들이 돌아오면 얼른 허기를 달래 주고 싶었지요. 할망은 한라산 꼭대기에 물이 고여 생긴 백록담에 자신의 몸집보다도 큰 가마솥을 걸고, 솥의 가장자리를 빙빙 돌며 죽을 휘휘 저었어요.

"아이고, 힘들다!"

가마솥이 얼마나 큰지 온몸에 땀이 뻘뻘 났어요. 할망이 잠시 멈춰 서서 숨을 고르던 그때, 그만 발을 헛디뎠어요. 그렇게 솥 안으로 미끄러진 할망은 펄펄 끓는 죽 속에 빠져 죽고 말았지요.

이런 사정을 알 리 없는 아들들은 돌아오자마자 가마솥에서 끓고 있는 죽을 먹었어요.

"어머니가 우리를 위해서 음식을 만들었나 봐. 진짜 맛있어!"

"그런데 어머니는 어디 가셨지? 같이 먹으면 좋을 텐데."

"그러게……. 곧 오시겠지. 일단 배부터 채우자고."

형제들이 차례로 죽을 떠먹고, 드디어 막내 차례가 왔어요. 그런데 가마솥 바닥에 뼈가 있는 게 아니겠어요? 막내는 어머니가 솥에 빠졌다는 사실을 알아차렸어요. 그리고 아무것도 모른 채 죽을 먹은 형들을 원망하며 뛰쳐나갔어요.

제주 서쪽 바다에 있는 차귀섬으로 간 막내는 하염없이 울다가 바위가 되었어요. 모든 사실을 알게 된 499명의 형들 역시 통곡하다가 한라산 영실 바위로 굳어졌답니다.

설문대 할망이 알려 줄게 ① **화산 활동으로 만들어진 제주**

화산이 만든 걸작품

실제로 제주는 설문대 할망의 방귀가 아니라 화산 폭발로 만들어진 섬이에요. 180만 년 전부터 아주 긴 시간 동안 여러 번의 화산 활동이 일어나 지금의 제주가 되었어요.

화산 폭발은 땅속 깊은 곳에 있던 마그마가 땅의 약한 부분을 뚫고 폭발하듯 올라오는 현상이에요. 마그마는 암석이 땅속의 뜨거운 열 때문에 녹아 액체가 된 것으로, 땅을 뚫고 올라오면 용암이 되어 이리저리 튀고 흐르고 굳어 흔적을 남기지요. 화산 폭발로 없던 땅이 만들어지기도 하고, 동굴이 생기기도 해요. 한라산, 오름, 동굴, 현무암 등이 모두 화산 활동이 만들어 낸 제주의 자연이에요.

제주도는 어떻게 만들어졌을까?

❶ 화산 폭발 전, 지금의 제주 자리는 얕은 바다였어요.
❷ 180만 년 전, 마그마가 땅을 뚫고 올라오기 시작했어요.
❸ 용암이 바다와 만나, 솟구친 분출물이 굳어 주변에 쌓이기 시작했어요.

❹ 분출물이 지속적으로 쌓여 해수면 훨씬 위까지 올라왔어요. 이러한 과정이 반복되며 섬이 점점 커졌어요.

이렇게 오랜 시간 여러 번의 화산 활동이 이어지면서 지금의 제주 모습을 갖추게 되었어요.

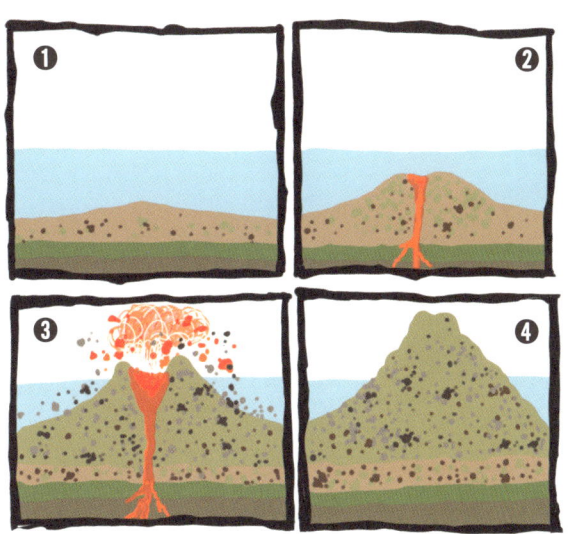

유네스코도 인정한 제주의 자연

유네스코는 국제 연합 교육·과학·문화 기구로, 인류가 보존하고 보호해야 할 문화 유산과 자연 유산을 세계 유산으로 지정해 보호해요.

유네스코는 제주의 자연, 지질, 생태를 인류가 보전해야 할 유산으로 꼽았어요. 화산섬과 용암 동굴은 유네스코 세계 자연 유산으로, 제주 전체는 세계 지질 공원으로, 제주의 생태계는 유네스코 생물권 보전 지역으로 지정했답니다. 유네스코 3관왕을 받은 제주는 우리나라의 자랑일 뿐만 아니라 전 인류의 환경 자산이자 보물이에요.

설문대 할망이 알려 줄게 ② 한라산

은하수를 잡아당길 수 있는 높은 산

한라산 꼭대기는 화산의 분화구라서 완만해요. 이런 모양새가 방패를 엎어 놓은 것과 닮았다고 해서 '방패 순(楯)', '형상 상(狀)' 자를 쓴 '순상 화산'에 속해요. 한라산 이름에는 '은하수를 당길 만큼 높다.'라는 뜻이 담겨 있어요. 높이 약 1,947미터로 우리나라에서 가장 높은 산이며, 대한민국의 국립 공원이자 천연기념물이에요.

다양한 동식물의 터전

한라산은 높이에 따라 다른 동식물이 살아요. 평지와 산 중턱, 산꼭대기의 환경이 모두 다르기 때문이지요. 한라산에 사는 동물은 곤충류 873종, 조류 198종, 파충류 8종, 포유류 17종 등으로 이중 큰노루와 삵, 무당개구리 등은 멸종 위기종이에요. 식물은 1,800여 종이 서식하고 있어요.

꼭대기의 이야기 호수, 백록담

한라산에 얽힌 재미있는 이야기가 또 있어요. 아주 먼 옛날, 사냥꾼

이 한라산에서 사슴을 잡으려고 활을 쏘았어요. 그런데 그 화살이 엉뚱하게 날아가 옥황상제 엉덩이를 맞혔어요. 화가 난 옥황상제는 한라산 꼭대기를 발로 차 버렸지요. 그 바람에 한라산 꼭대기가 움푹 파여 백록담이 되었다는 이야기예요.

백록담은 분화구에 빗물이 고여 만들어진 호수예요. 사시사철 물이 고여 있으며, 물고기는 살지 않아요. 백록담이라는 이름은 '흰 사슴이 물 마시러 오는 호수'라는 뜻으로, 흰 사슴이 백록담의 물을 마셨다는 전설에서 유래되었어요. 백록담은 한겨울에 쌓인 눈이 여름까지 남아 있어 아름다운 풍경을 자랑해요.

설문대 할망의 아들이 돌로 굳어진 곳

한라산에 오르는 등산로는 총 일곱 개예요. 그중 영실 탐방로는 칼날처럼 생긴 웅장한 기암괴석이 계곡 주변을 에워싼 길로, 가을 단풍이 아름답기로 유명해요. 영실의 기암괴석은 꼭 사람 여러 명이 서 있는 것처럼 생겼어요. 그래서 영실의 기암괴석이 설문대 할망의 499명의 아들이며, 거센 바람이 바위틈을 통과할 때 나는 스산한 소리가 어머니를 잃은 아들들의 통곡 소리라고 전해져요.

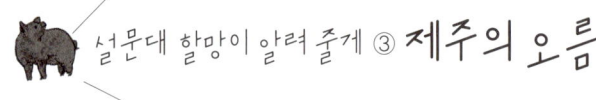 설문대 할망이 알려 줄게 ③ **제주의 오름**

올록볼록 올망졸망 오름

오름은 산 또는 봉우리를 뜻하는 제주어로, 한라산 주변에 있는 360여 개의 작은 화산들을 가리켜요. 제주의 오름은 각기 다른 생김새와 높이를 갖고 있어 이름도 모두 달라요. 거문 오름처럼 오름으로 불리거나, 산방산처럼 산으로 불리거나, 성산 일출봉처럼 봉으로 불리는 등 다양하지요. 어승생악처럼 독특한 이름을 가진 오름도 있어요.

할망의 빨래 바구니, 성산 일출봉

제주 동쪽에 있는 성산 일출봉은 높이 약 182미터로 큰 성처럼 웅장하게 생겼어요. 이곳에서 보는 해돋이가 무척 아름다워서 성산 일출봉이라는 이름이 붙었어요.

성산 일출봉에는 아픈 역사가 있어요. 일제 강점기에 일본군이 성산 일출봉 해안 절벽에 스물네 개의 굴을 파고 폭탄 등을 숨겨 불법 창고로 사용했고, 제주 4.3 사건 때 제주 사람 100여 명이 성산 일출봉 일대에서 목숨을 잃었어요.

한라산에서 떼어 낸 흙덩이가 산방산으로?

설문대 할망이 손으로 쳐 낸 한라산 꼭대기가 제주 서남쪽에 떨어져 산방산이 되었다고 했지요? 신기하고 재미있는 것은 산방산 밑 둘레와 한라산 정상 둘레가 정말 비슷하다는 거예요. 산방산이 한라산 꼭대기였다는 이야기가 그럴싸하게 느껴지지 않나요? 산방산은 흔치 않은 화산 지형에 해안가 바로 옆에 있어 제주의 지질 명소 중 하나예요.

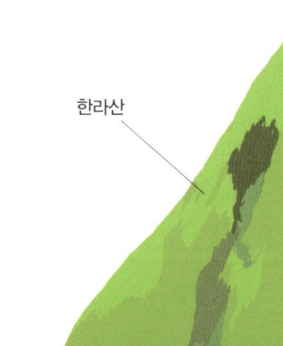

산방산

한라산

거문 오름은 검은 오름

거문 오름은 한라산 기슭에 있는 오름이에요. '거문'은 '검다'라는 뜻의 제주어로, 우거진 숲이 유독 검게 보이는 거문 오름의 특징을 나타내요. 화산 폭발로 거문 오름이 생겼을 때, 분출된 용암이 멀리 흘러가면서 만장굴, 김녕굴 등 약 20개의 동굴이 생겼어요. 그중 아홉 개는 '거문 오름 용암 동굴계'라는 이름으로 유네스코 세계 자연 유산으로 선정되었지요. 거문 오름에는 일제 강점기 당시 일본 군사 시설 흔적도 남아 있어요.

꼬마 탐험대가 발견한 만장굴

만장굴은 세계에서 가장 긴 용암 동굴이에요. 길이는 약 7.4킬로미터, 높이는 약 23미터에 달해요. 만장굴은 1946년, 당시 제주 김녕 초등학교 교사였던 부종휴 선생님과 초등학생 30여 명으로 이루어진 탐험대가 발견했어요. 탐험대는 제대로 된 조명이나 장비 없이 횃불을 들고 낯선 동굴을 조사했다고 해요.

만장굴

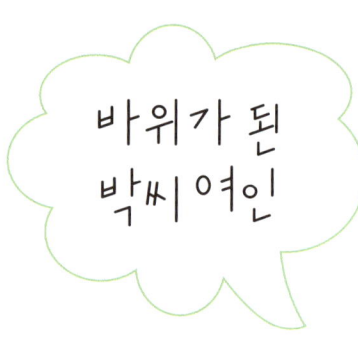

바위가 된 박씨 여인

제주 서귀포 동남쪽에는 매오름이 있어요. 매오름은 그 이름처럼 정상은 매의 부리를, 양쪽으로 뻗은 산등성이는 활짝 편 매의 날개처럼 생겼어요. 어쩌다 오름이 매의 모습과 똑 닮게 되었을까요?

아주 먼 옛날, 남해 용궁에 사는 용왕에게 세 아들이 있었어요. 세 왕자는 용궁의 법을 어겨 제주로 귀양을 가게 됐어요. 버릇을 고치기 위해 용왕이 일부러 보낸 거였지요.

용왕은 물 밖을 나다닐 수 있는 거북에게 세 왕자가 어떻게 지내는지 살펴보고 오라고 명했어요.

왕자들은 몰라보게 수척해진 모습으로 끼니도 못 때우며 지내고 있었어요. 소식을 들은 용왕은 마음이 아팠어요.

"그 정도면 정신을 차렸을 테니, 이제 그만 왕자들을 용궁으로 데리고 오라. 그리고 왕자들에게 도움을 준 이들을 찾아 후하게 보답하거라."

거북은 다시 제주로 가서 왕자들에게 도움을 준 사람을 찾아갔어요. 그런데 왕자들이 받은 도움이라곤 박씨 여인에게 얻어먹은 마 한 뿌리가 전부였어요.

당시 제주 사람들은 너무 가난했어요. 제 식구 입에 풀칠하기도 힘든 형편이라 왕자들에게 무언가를 베풀 여력이 없었지요. 왕자가 아니라 용왕이 온대도 밥 한 끼 대접할 형편이 못 되었던 거예요. 세 왕자가 힘든 나날을 보낼 수밖에 없었던 것도 같은 이유였어요. 하지만 제주 백성들의 형편을 모르는 용왕은 불같이 화를 냈지요.

"고작 마 한 뿌리라니! 제주 사람들은 참으로 인정머리가 없구나. 그들에게 벌을 내릴 것이다. 제주를 며칠간 물에 잠기게 하거라! 그리고 유일하게 성의를 보인 박씨 여인에게는 이 사실을 미리 알려 화를 면하게 하라."

거북은 바삐 박씨 여인을 찾아갔어요.

"아가씨, 내일이면 제주가 온통 물에 잠길 것입니다. 날이 밝는 대로 오름 꼭대기로 올라가 화를 면하십시오."

박씨 여인은 거북의 말을 믿지 않았어요. 대뜸 거북 한 마리가 다가와 사람 말을 하는데, 어느 누가 선뜻 믿겠어요.

마음이 다급해진 거북은 박씨 여인을 매로 변신시키고 신신당부했어요.

"오름 꼭대기로 올라가서 사흘간 꼼짝 말고 기다리십시오. 혹시 물고기가 보여도 절대 잡아먹으면 안 됩니다."

다음 날, 용왕은 제주를 물바다로 만들었어요. 세 왕자는 물고기로 변신하여 바다를 유유히 헤엄쳤지요.

매로 변한 박씨 여인은 오름 꼭대기에서 가만히 기다렸어요. 며칠 동안 꼼짝 않고 있으니 지루하고 배가 고팠어요. 박씨 여인은 이리저리 두리번거렸어요. 그때 열심히 헤엄쳐 가는 물고기 세 마리가 눈에 띄었어요. 바로 세 왕자였지요.

박씨 여인은 거북의 말을 까맣게 잊고, 물고기를 먹기 위해 고개를 쑥 내밀었어요.

"안 돼!"

이를 본 거북은 깜짝 놀라서 매로 변한 박씨 여인을 바위로 만들어 버렸어요. 그렇게 박씨 여인이 서 있던 오름은 매의 모습 그대로 매오름이 되었지요.

바닷물에 잠겼던 제주는 사흘 뒤 원래대로 돌아왔어요. 하지만 예전과 달리 가시덤불과 돌밭으로 가득한 거친 땅이 되고 말았답니다.

신화 따라 이곳저곳

> 하늘에서 옥황상제와 선녀들이 내려와 백록담에서 흰 사슴을 타고 놀았다는 이야기도 전해져요.

한라산 백록담
한라산 꼭대기에 있는 백록담이에요. 설문대 할망이 가마솥을 걸고 요리한 그 장소지요. 백록담은 날이 좋아야만 갈 수 있어요.

쇠소깍
설문대 할망이 발을 담갔을 때 무릎까지 물이 찼다고 전해지는 계곡이에요. 병풍처럼 둘러싸인 기암괴석과 우거진 초록 숲이 신비로워요. 지금은 쇠소깍에서 테우, 카약 타기 체험을 할 수 있어요.

신화 따라 이곳저곳

> 산방산과 용머리 해안 말고도 제주에는 다양한 지질 명소가 있어요. 용두암, 섭지코지, 성산 일출봉 등이 모두 지질 명소이지요.

산방산과 용머리 해안
설문대 할망이 한라산 꼭대기를 떼어 던져 생긴 것으로 알려진 산방산은 용머리 해안과 가까이 붙어 있어요. 제주도 지질 명소 중 한 곳이에요.

성산 일출봉
설문대 할망이 빨래 바구니로 삼았다는 성산봉이에요. 정상에 오르려면 30분 정도 가파른 계단을 올라야 하지만, 정상에서 만나는 너른 분화구와 바다의 멋진 풍경은 수고를 잊게 해요.

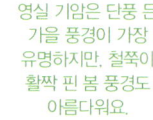 신화 따라 이곳저곳

영실 기암은 단풍 든 가을 풍경이 가장 유명하지만, 철쭉이 활짝 핀 봄 풍경도 아름다워요.

영실 기암
설문대 할망의 아들 499명이 죽의 진실을 알고 굳은 바위예요. 기암이란 기이하게 생긴 바위를 뜻하지요. 하늘을 찌를 듯 솟아 있는 영실 기암은 단풍이 드는 가을 풍경이 유명해요.

만장굴
화산 활동으로 거문 오름이 생길 때 함께 생긴 만장굴은 계절 상관없이 관람하기 좋아요. 외부 온도와 관계없이 항상 일정한 온도를 유지하지요.

신화 따라 이곳저곳

> 검게 우거진 거문 오름 정상에 오르면 화산의 분화구가 한눈에 보여요!

거문 오름
천연기념물 제444호이자, 유네스코 세계 자연 유산이에요. 다른 오름들에 비해 유독 숲이 검게 우거져 있어요. 미리 탐방 예약을 해야만 거문 오름에 오를 수 있어요.

우도
우도는 설문대 할망이 빨랫돌로 사용했다고 전해지는 섬이에요. 섬의 모양이 소가 누운 모습과 비슷하다고 해서 '소 우(牛)' 자를 써 우도가 되었어요.

자청비 신화

먼 옛날 제주에 돈이 아주 많은 김진국 대감이 살았어요. 대감은 모든 것을 가졌지만 딱 하나, 자식이 없어 늘 한숨을 지었어요. 그러던 어느 날 시주를 받으러 온 스님이 대감의 딱한 사정을 듣고 백일기도를 올리라고 조언했어요.

대감은 100일간 꼬박 기도를 올렸어요. 마침내 딸을 얻었고, 딸에게 '자청비'라는 이름을 지어 주었지요.

자청비는 예쁘고 총명하게 자라 어느덧 열다섯 소녀가 되었어요. 하루는 자청비가 우물가에서 마주친 청년에게 물 한 그릇을 대접했어요. 물에 버들잎을 띄워 건네는 자청비의 모습에 청년은 마음을 빼앗겼지요.

"저는 사실 하늘에 있는 옥황상제의 아들 문 도령입니다. 글을 배우러 아랫마을 훈장님께 가는 길이지요."

"제 남동생도 마침 글을 배우러 가려던 참인데, 동무 삼아 같이 가시겠습니까?"

자청비는 남장을 하고 남동생인 척 문 도령과 함께 길을 나섰어요. 사실 자청비도 문 도령에게 첫눈에 반했던 거예요. 그래서 잘 보이기 위해 물에 버들잎도 띄운 거고요. 그날로 두 사람은 같은 스승님을 모시며 같이 먹고 자고 글공부를 했어요.

같이 지낼수록 문 도령은 자청 도령이 여자가 아닐까 의심이 들었어요. 목소리는 물론이거니와 섬세한 손길과 웃을 때의 눈매, 몸가짐 등 모든 것이 자신에게 물을 건네던 자청비를 생각나게 했거든요.

문 도령의 낌새를 알아차린 자청비는 둘 사이에 물이 가득 담긴 대야를 두고, 그 위에 은수저를 올려놓았어요.

"이보시오, 자청 도령. 같은 남자끼리 자는데 어찌 이런 것을 갖다 두었소? 누가 보면 남녀 사이라고 오해하겠소."

"문 도령은 하늘에서 내려와 모르나 본데, 물이 가득 찬 대야를 두고 잠을 자야 공부가 더 잘됩니다. 하지만 자다가 대야 위의 은수저를 떨어뜨리면 공부를 망치게 되지요."

자청비의 말에 문 도령은 마지못해 잠을 청했어요. 하지만 은수저가 떨어지진 않을까, 물을 엎지르진 않을까 신경이 쓰여 날마다 잠을 설쳤지요. 반대로 자청비는 걱정 없이 푹 잘 수 있었고요.

그럼에도 문 도령의 의심은 사라지지 않았어요. 문 도령은 자청 도령에게 내기를 제안했어요.

"자청 도령, 사내끼리 누구 오줌발이 더 센지 겨뤄 보면 어떻소?"

자청비는 문 도령의 속셈을 단번에 눈치챘어요. 내기를 받아들이면 여자인 사실을 들키게 되고, 내기를 거절하면 계속 의심을 받을 게 뻔했지요. 고심하던 자청비는 또 꾀를 내었어요.

"그것참, 재미있는 내기를 생각했소. 오줌을 멀리 누려면 오줌보에 오줌을 가득 모아야 하니 글공부가 끝나고 겨뤄 봅시다."

시간을 번 자청비는 급하게 대나무 막대기를 구해서 옷 안에 감추었어요. 글공부를 마친 두 사람은 나란히 서서 오줌 멀리 누기 시합을 했어요. 자청비는 문 도령 몰래 다리 사이에 대나무 막대기를 넣고 오줌을 눴어요. 그러자 문 도령보다 오줌이 두 배나 멀리 나갔지요. 놀란 문 도령은 더 이상 자청비를 여자로 의심하지 않았어요.

그렇게 3년의 세월이 흘러 문 도령이 하늘로 돌아갈 날이 되었어요. 자청비는 떠나는 문 도령에게 마침내 자신의 정체를 밝혔어요. 문 도령은 오랜 시간 자청비를 알아보지 못한 것을 자책하며 박씨 하나와 머리빗 반쪽을 사랑의 징표로 남겼어요.

집으로 돌아온 자청비는 문 도령만 기다렸어요. 자청비의 부모는 그런 자청비의 속도 모르고 딸을 시집보내기 위해 애썼어요.

다른 남자와 결혼할 생각이 없었던 자청비는 밤이 되기를 기다렸다가 다시 남장을 하고 집을 나왔어요. 말을 타고 밤새도록 달리다 길에 주저앉았는데, 어디선가 아이들이 다투는 소리가 들렸어요. 자청비가 아이들에게 다가갔어요.

"너희들은 무슨 일로 그리 다투느냐?"

"저희가 함께 잡은 부엉이 한 마리를 어떻게 나누어야 할지 실랑이하는 중입니다. 똑같이 나누어야 공평한데, 그게 쉽지가 않습니다."

잠시 생각에 잠긴 자청비는 아이들에게 말했어요.

"내가 부엉이를 살 테니, 내게 받은 돈을 똑같이 나누어 가지면 어떻겠느냐?"

아이들은 죽은 부엉이보다야 당연히 돈이 더 좋았어요. 그렇게 자청비는 죽은 부엉이 한 마리를 가지고 다시 길을 나섰지요.

서천 꽃밭에 도착한 자청비는 기웃거리다, 꽃밭 근처 대궐의 담 너머로 죽은 부엉이를 던졌어요. 그리고 대궐 대문으로 당당히 걸어 들어갔어요. 낯선 이가 예고도 없이 들어오니 왕과 신하들은 의아했지요.

"어디 사는 누구냐? 무슨 일로 여기에 왔느냐?"

"지나가는 나그네인데, 대궐 지붕에 앉아 있던 부엉이를 활로 쏘아 떨어뜨렸습니다. 제 화살을 찾고자 실례를 무릅쓰고 내궐 문을 넘었습니다."

"그게 사실이냐? 밤마다 부엉이들이 날아와 골치인데, 오늘 밤에 부엉이들을 쫓아 줄 수 있겠느냐? 그렇게만 해 준다면 자네를 내 사위로 삼겠네."

오갈 데 없던 처지였던 자청비는 왕의 부탁을 들어주고 서천 꽃밭에서 머물기로 했어요. 밤이 되자 정말 부엉이 떼가 몰려왔어요. 자청비는 낮에 담 너머로 던져 놓은 죽은 부엉이를 잘 보이는 곳으로 옮겨 두었지요.

다음 날, 엉망이 된 꽃밭을 보고 왕이 자청비에게 큰소리를 냈어요.

"어젯밤에도 부엉이 떼가 꽃밭을 쑥대밭으로 만들었구나. 너는 밤새 무얼 했느냐?"

"저는 밤새도록 부엉이를 쫓았습니다. 담 밑에 제가 잡은 부엉이도 있는데, 어찌 그리 꾸짖기만 하시는지요?"

왕은 신하에게 자청비의 말이 사실인지 확인해 보라고 했어요. 신하는 죽은 부엉이를 가져왔고, 왕은 자청비와의 약속을 지킬 수밖에 없었지요.

그렇게 자청비는 남장을 한 채 공주와 결혼하게 되었어요. 공주와는 글공부를 핑계로 세 달 하고도 열흘을 따로 지내다가, 과거 시험을 보러 간다며 집을 나섰지요. 공주는 떠나는 자청비에게 꽃 한 송이를 건넸어요.

"서방님, 이것은 죽은 사람을 살리는 꽃입니다. 먼 길 오갈 때 필요할지 모르니 챙겨 가십시오."

자청비는 공주가 준 꽃을 받아들고 서천 꽃밭을 떠났어요.

다시 떠돌게 된 자청비는 옷감을 짜는 베틀 소리에 이끌려 어느 노파의 집에 들어갔어요. 그리고 노파의 수양딸이 되기로 했지요. 노파의 비단 짜는 솜씨는 누구도 흉내 낼 수 없을 만큼 훌륭했어요.

"어머니, 어디에 쓸 비단이기에 그리 정성을 들이십니까? 제가 본 비단 중에 가장 곱습니다."

"문 도령의 혼례복을 지을 비단이란다."

자나 깨나 문 도령만 기다리던 자청비는 깜짝 놀랐어요. 자청비는 오랜 고민 끝에 노파에게 자초지종을 털어놓았어요. 노파는 문 도령에게 소식을 전했어요. 문 도령은 그길로 자청비를 찾아왔어요.

"자청비 낭자, 내가 왔소."

자청비는 반가운 마음과 함께 그동안의 고생이 떠올라, 순간 문 도령을 골탕 먹이고 싶은 마음이 들었어요. 그래서 문 도령이 창틈으로 내민 손을 바늘로 콕 찔렀지요.

"아야, 이게 무슨 짓이오!"

문 도령은 섭섭한 마음에 하늘로 돌아갔어요.

자청비는 자신의 어리석은 행동을 후회하며 다시 떠돌이

가 되었어요.

그러던 어느 날, 자청비는 길에서 울고 있는 선녀들을 도와준 덕으로 하늘로 올라가게 되었어요. 드디어 자청비와 문 도령이 만났지요.

두 사람은 그동안 못한 이야기를 나누느라 새벽이 오는지도 몰랐어요. 앞으로 행복한 일만 있을 것 같았지요.

그러나 기쁨도 잠시, 옥황상제가 둘의 만남을 반대했어요. 하늘에 사는 왕자와 땅에 사는 여인의 만남은 말도 안 된다고 생각한 거예요. 엎친 데 덮친 격으로 느닷없이 문 도령이 몸져눕더니 하루아침에 숨을 거두고 말았어요.

자청비는 서천 꽃밭 공주에게 받은 꽃이 생각났어요. 자청비가 꽃으로 문 도령의 몸을 쓸어내렸어요. 그러자 뻣뻣하게 굳었던 문 도령의 몸에 생기가 돌고, 창백했던 얼굴에 혈기가 생겼어요. 장례를 치를 뻔했던 하늘에서는 잔치가 벌어졌어요. 옥황상제는 아들을 살려 낸 자청비를 허락했고, 자청비와 문 도령은 마침내 부부가 되었지요.

자청비는 문 도령과 행복한 나날을 보냈어요. 부족한 것도, 근심거리도 없었지요. 그런데 자청비는 날이 갈수록 가슴 한구석이 허전했어요. 땅으로 내려가고 싶어 병이 날 지

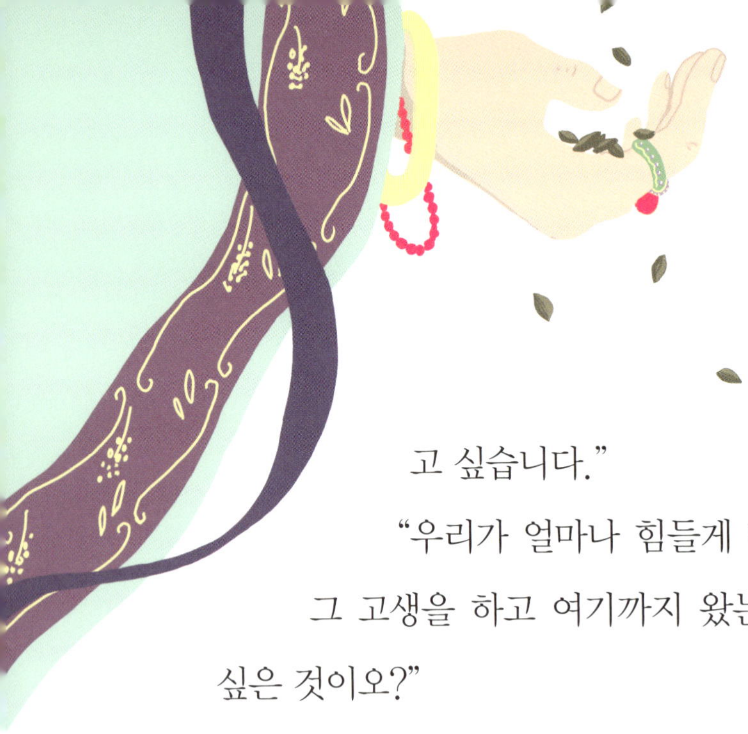

경이었지요.

"서방님, 저는 그만 땅으로 내려가고 싶습니다."

"우리가 얼마나 힘들게 만났는지 벌써 잊었소? 그 고생을 하고 여기까지 왔는데, 다시 땅으로 가고 싶은 것이오?"

"고생이 따르더라도 땅에서 살고 싶습니다."

떠나기로 마음을 정한 자청비에게 옥황상제가 소원을 물었어요.

"저는 땅도, 집도, 금은보화도 필요 없습니다. 다만 곡식의 씨앗을 원합니다."

땅으로 내려온 자청비는 세상 사람들에게 하늘에서 얻은

곡식의 씨앗을 나누어 주었어요. 덕분에 사람들은 씨앗을 심어 곡식을 거두고, 음식을 지어 먹게 되었지요.

한참 후 자청비는 한 씨앗을 하늘에 두고 왔다는 걸 알게 되었어요. 자청비는 부랴부랴 하늘로 올라가 씨앗을 가지고 내려왔어요. 무슨 씨앗이냐고요? 바로 메밀 씨앗이에요. 이때부터 제주에 메밀이 많이 피게 되었지요.

이후 자청비는 다섯 가지 중요한 곡식인 오곡과 농사를 관리하는 신이 되어, 제주에 매년 풍년이 들도록 돌보아 주었어요.

제주 사람들은 자청비를 세경 할망이라고 부르며 지금도 섬긴답니다.

자청비가 알려 줄게 ① 삼다삼무의 섬

돌과 바람과 여자가 많은 제주

제주는 '삼다도(三多島)'라고 불려요. 세 가지가 많은 섬이라는 뜻이에요. 제주에는 돌이 많아요. 그래서 농사지을 기름진 땅이 부족해요. 하지만 돌에 구멍이 뚫려 있어, 강한 바람에도 절대 무너지지 않는 돌담을 완성시키지요.

제주에는 바람도 많이 불어요. 그래서 제주 사람들은 육지에서 쓰는 짚 대신 비바람에 강한 억새로 지붕을 만들었어요.

마지막으로 제주에는 여자가 많아요. 실제로 조선 시대에 제주에서는 고기잡이를 나갔다가 배가 침몰해 돌아오지 못하거나, 힘든 섬 생활에 지쳐 육지로 도망친 남자가 많았어요. 여자가 많은 섬이라는 별칭에는 이런 슬픈 역사와 제주 여성이 강인하다는 뜻이 함께 담겨 있어요.

제주의 삼다(三多)는 제주의 척박한 환경을 뜻하지요.

도둑과 거지와 대문이 없는 제주

제주에는 도둑, 거지, 대문 세 가지가 없어요. 그래서 '삼무도(三無島)'라고도 불려요. 삼다(三多)가 척박한 환경을 의미한다면, 삼무(三無)는 척박한 환경을 이겨 낸 제주 사람들의 따뜻한 마음씨를 상징해요.

도둑이 없다는 것은 남의 것을 탐하지 않는 정직함, 거지가 없다는 것은 부지런히 일해서 삶을 스스로 개척해 나가는 성실함을 의미해요. 도둑과 거지가 없으니 당연히 대문도 없고요.

사실 제주는 섬이라 외지인이 별로 없었기 때문에 한 다리만 건너면 모두 아는 사이였어요. 그래서 도둑, 거지, 대문이 자연스럽게 없어졌다고 해요.

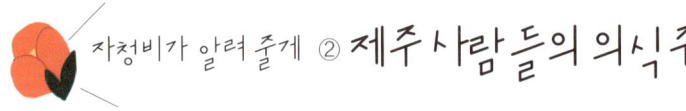 ② 제주 사람들의 의식주

제주 사람들의 특별한 의식주

사방이 바다로 둘러싸인 제주는 특색 있는 옷을 입고, 특색 있는 음식을 먹고, 특색 있는 집에서 살았어요. 제주의 의식주를 통해 척박한 환경과 자연재해를 극복하며 살아온 제주 사람들의 지혜와 노력을 엿볼 수 있어요.

감즙으로 물들인 갈옷

갈옷은 덜 익은 풋감으로 즙을 내서 염색한 제주 고유의 옷이에요. 때가 잘 타지 않고, 바람이 잘 통하고, 몸에 달라붙지 않아 밭일을 할 때도 물속에서 일할 때도 즐겨 입었어요.

비 오는 날에 쓰는 정동 모자

'정동'이란 제주의 밭이나 야산에서 자라는 '댕댕이덩굴'을 가리켜요. 정동 모자는 댕댕이덩굴로 만든 모자로, 차양이 넓고 높이가 낮아 머리에 살짝 얹기만 해도 햇빛이나 비를 잘 막아 주지요.

비 오는 날에 입는 우장

우장은 비와 눈, 바람을 막기 위해 입었던 망토 모양의 덧옷이에요. 억새로 만든 것이 특징이지요. 산에서 가축을 돌볼 때는 우장을 바닥에 깔아 돗자리나 이불 대신 사용하기도 했어요.

동물 가죽으로 지은 겨울 옷

사냥을 하거나 바깥에서 가축을 돌보던 제주 사람들은 겨울에 추위를 이기기 위해 동물의 가죽과 털로 옷과 모자, 신발 등을 만들어 입었어요.

몸에는 가죽 두루마기를 입고, 종아리에는 가죽 발레를 차고, 머리에는 가죽 감티를 쓰고, 발에는 가죽 버선을 신었지요. 발레는 무릎 아래에 매는 천, 감티는 모자를 뜻하는 제주어예요.

돼지고기 사랑

제주 사람들은 그 어떤 가축보다 돼지를 중요하게 여겼어요. 식생활에서는 물론이고, 크고 작은 잔치나 제사에서도 돼지고기가 빠지지 않았지요. 그중 제주 흑돼지는 제주어로 '검정 도새기'라고 하며, 2015년에 천연기념물 제550호로 지정되었어요.

돼지고기를 사용한 제주 음식은 아주 다양해요. 걸쭉하게 끓인 '몸국'은 잔치 전날 사람들이 모여서 먹는 음식으로, 공동체 의식을 다지는 음식 중 하나예요. 이 밖에도 메밀가루를 넣고 재료를 섞는 메밀 순대, 잔치 때 먹는 돔베 국수 등이 제주 돼지고기 음식으로 유명해요. 사실 제주 흑돼지가 유명해진 이유는 따로 있어요. 바로 사람들이 싼 똥을 먹고 살았거든요. 그래서 '똥돼지'라고도 불렸지요. 제주의 척박한 환경으로 돼지에게 줄 마땅한 먹이가 없었던 탓이었지요. 똥돼지 문화는 자연 순환의 좋은 방법이라고 바라보는 시각도 있었지만, 비위생적이라서 1970년대에 사라졌어요.

하늘이 내린 곡식, 메밀

제주는 우리나라에서 메밀이 가장 많이 나는 곳이에요. 메밀은 자라는 기간이 짧고, 척박한 땅에서도 잘 자라고, 가뭄과 추위에도 강해서 제주에 없어서는 안 되는 곡식이지요. 밥, 국수, 떡 등 다양한 음식에 쓰이고 있어요.

주식은 잡곡, 반찬은 나물

제주에서는 논농사가 불가능했어요. 왜냐하면 제주 땅은 화산 분출물을 바탕으로 만들어진 화산토로, 금방 물이 스며들어 마르거든요. 그래서 예전에 제주 사람들의 주식은 쌀이 아닌 메밀, 보리, 조, 콩, 팥, 녹두 등의 잡곡이었어요. 그리고 김치보다 나물을 많이 먹었어요. 고추 농사가 어렵고, 김치를 담그더라도 따뜻한 날씨 때문에 금방 쉬어 버렸거든요. 사람들은 한라산과 여러 오름, 곶자왈 숲 등에서 나물을 채취했어요. 가장 유명한 제주 나물은 고사리예요.

나만의 텃밭, 우영팟

우영팟은 제주 집 마당에 있는 텃밭을 말해요. 날씨가 따뜻한 제주에서는 돌담이 바람을 막아 주기만 하면 한겨울에도 배추, 마늘, 상추 등이 우영팟에서 자라요. 세철 채소와 과일을 집 앞에서 얻을 수 있지요.

집에
있수다~!

올레와 정낭

제주의 집은 '올레'에서부터 시작돼요. 올레는 좁은 골목을 뜻하는 제주어로, 집과 큰길을 잇는 좁은 길을 가리켜요. 올레는 집으로 들이치는 거센 바람을 막고, 바깥으로부터 집을 보호하는 역할을 해요.

제주에는 대문이 없다고 했지요? 대문 대신 제주 전통 집에는 길고 굵직한 나무를 걸쳐 놓는 '정낭'이 있어요. 정낭 역시 바람의 영향을 최소화하기 위한 장치였어요. 일반 대문은 거센 바람에 부러지거나 고장 나기 일쑤였거든요. 또 방목하는 가축이 집으로 들어와 텃밭을 망가뜨리지 못하도록 막아 주기도 했어요.

정낭에 걸쳐 놓는 나무는 총 세 개로 나무가 양쪽 구멍 모두에 몇 개 꽂혀 있느냐에 따라 의미하는 바가 달라요.

정낭이 안 꽂혀 있음: 집에 있어요.
정낭이 한 개 꽂혀 있음: 가까운 곳에 갔어요.
정낭이 두 개 꽂혀 있음: 조금 멀리 갔어요.
정낭이 세 개 꽂혀 있음: 며칠 후에 돌아와요.

따로 또 같이, 안거리와 밖거리

제주의 전통 집은 바람의 영향을 덜 받기 위해 낮고 완만하게, 일자형으로 지었어요. 그리고 안마당을 중심으로 안거리와 밖거리 두 채의 집을 두고, 집마다 독립된 생활을 했어요. 다만 안거리에만 창고를 두어 안거리가 살림살이를 책임지고 관리하도록 했지요. 안거리와 밖거리는 제주의 독특한 집 구조이자 문화예요.

자청비가 알려 줄게 ③ **제주의 아픈 역사**

탐라에서 제주로

삼국 시대에는 제주가 탐라라는 독립된 나라였어요. 탐라는 배를 타고 거친 파도와 싸우는 해상 왕국으로 이름을 떨쳤어요. 하지만 안타깝게도 탐라의 역사는 따로 기록된 것이 없어요.

1105년, 고려로 넘어간 탐라는 지금의 이름 '제주'가 되었어요. 몽골이 고려를 침략하면서 1273년에는 고려 군사 조직 삼별초가 제주 '항파두성'에서 몽골에 끝까지 저항했어요. 하지만 몽골이 이기며, 몽골은 제주를 해양 기지 겸 말을 키우는 목장으로 삼았지요.

조선 시대에 제주는……

고려가 망하고 조선이 세워지면서 제주는 조선 조정에 귤, 전복, 말 같은 특산품을 바쳐야 했어요. 끝없는 특산품 준비에 지친 제주 사람들이 육지로 도망치자, 조정에서는 제주 사람들이 섬에서 나오지 못하도록 막았어요. 자그마치 200여 년 동안이요. 조선 말기, 제주 사람들은 조정의 지나친 착취에 못 견뎌 제주 민란, 방성칠의 난 등을 일으켰어요.

유배의 땅

조선 시대에 제주는 육지의 죄인들을 귀양 보내는 유배지로 이용되었어요. 한양에서 멀고, 사방이 바다로 둘러싸여 죄인들이 도망칠 수 없으니까요. 당시 제주로 귀양 온 사람은 260여 명으로, 전체 유배자 수의 3분의 1이 넘었어요.

일본군의 요새

일본은 세계 2차 대전 때 제주를 자신들의 전쟁 요새로 만들기 위해 비행장을 세웠어요. 요새란 군사적으로 중요한 곳에 튼튼하게 만들어 놓는 방어 시설이에요. 그 과정에서 일본은 제주 사람들을 강제로 노동시켰지요. 이때 만들어진 '남제주 비행기 격납고'에는 여전히 아픔의 흔적이 남아 있어요.

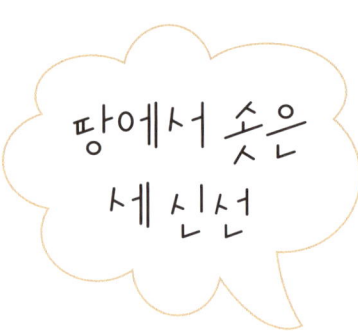

땅에서 솟은
세 신선

제주가 탐라이기도 전, 제주는 울창하게 우거진 숲으로 뒤덮여 있었어요. 그러던 어느 날 북쪽 삼성혈이라는 곳에 영롱한 기운이 비추더니 신선 세 명이 땅에서 솟았어요. 세 신선의 이름은 고을라, 양을라, 부을라였어요.

인간의 손길이 닿은 적 없는 제주는 세 신선의 눈에 신비롭고 아름다웠어요.

"세상에, 이렇게 신비로운 곳이 있다니! 이곳에 터를 잡고 살아 보세."

"그러세. 이 아름다운 자연과 더불어 살아가세."

세 신선은 볕이 잘 드는 평지에 집을 지었어요. 그리고 배가 고프면 산속에 들어가 사슴이나 토끼를 사냥하고, 온갖 열매를 따 먹었어요.

같은 날 같은 시간 동시에 땅에서 솟은 세 신선은 친구처

림 잘 지냈어요. 그런데 작은 문제가 있었지요. 서열이 없어서 가끔 불편할 때가 있었던 거예요. 서로 의견이 다르거나 중요한 결정을 내려야 할 때, 형 아우가 있어 일의 순서가 정해지면 좋겠다고 생각했어요. 그러나 누가 형이고 누가 아우인지 가려낼 방법이 없었지요.

"우리 중 형 아우를 가릴 방법이 뭐가 있을까?"

"내게 좋은 생각이 있네. 셋이서 활쏘기 솜씨를 겨뤄 가장 뛰어난 사람을 형으로 모시기로 하세."

"좋네, 좋아. 화살을 가장 멀리 보낸 사람이 형이 되기로 하세."

힘차게 날아간 화살은 각기 다른 위치에 차례로 박혔어요. 그렇게 고을라가 맏형, 양을라가 둘째, 부을라가 막내가 되었어요.

세 신선은 서로를 형으로 아우로 의지하며 살아갔어요. 서열이 있는 채로 서로 의논하자 삶의 지혜가 생기고 살림살이도 날로 풍성해졌지요. 그런데 이상하게도 날이 갈수록 세 신선의 마음은 쓸쓸해졌어요. 하늘의 새도, 들판의 짐승도, 바다의 물고기도 모두 짝을 짓고 새끼를 낳는데 세 신선에게는 오직 서로뿐이었거든요.

하루는 세 신선이 물고기를 잡으러 바다에 나갔다가 커다란 상자 하나를 발견했어요. 자줏빛 흙으로 덮인 상자를 조심스레 열자, 자주색 옷을 차려입은 남자가 튀어나왔어요. 남자는 상자 안에 든 또다른 상자를 가리키며 말했어요.

"열어 보시지요."

또다른 상자 안에는 푸른 옷을 입은 아름다운 세 여인과 송아지와 망아지, 그리고 오곡 씨가 있었어요.

세 신선은 아름다운 여인의 등장에 기쁜 마음을 숨길 수 없었어요. 자주색 옷을 입은 남자가 예를 갖추어 말했어요.

"저는 벽랑국에서 온 사신입니다. 어명을 받고 벽랑국의 세 공주님을 이곳으로 모시고 왔습니다. 저희 임금님께서 세 공주님을 낳고 말씀하시길, 남쪽 바다 한가운데 큰 산으로 이루어진 섬에 세 사람이 기다리고 있을 것이라 하였습니다. 그들이 세 공주님을 아내로 맞아 장차 아름답고 살기 좋은 나라를 일으킬 것이라 하셨지요. 세 공주님을 배필로 삼아 큰일을 이루시지요."

세 신선은 형부터 차례대로 아내를 맞았어요. 가정을 이

룬 세 신선은 또다시 활쏘기 실력을 겨뤄 살 곳을 정했지요. 양을라는 제일도, 고을라는 제이도, 부을라는 제삼도에 살게 되었어요. 제일도는 지금의 제주 일도동, 제이도는 이도동, 제삼도는 삼도동이지요.

각자의 위치에서 자리를 잡은 세 쌍의 부부는 땅에 오곡 씨를 뿌리고 송아지와 망아지도 길렀어요. 그리고 아들딸을 낳아 오래도록 잘살았지요.

이렇게 고을라, 양을라, 부을라 세 신선이 자리 잡은 곳은 탐라의 시초가 되었답니다.

해와 달을 떨어뜨린 대별과 소별

세상이 막 생겨났을 때, 하늘에는 해와 달이 두 개씩 있었어요. 사람들은 낮에는 뜨거워서, 밤에는 추워서 죽을 지경이었어요. 하늘과 땅, 이승과 저승, 신과 인간의 세계를 두루 다스리는 천지왕에게도 두 개의 해와 달은 골칫거리였어요.

그러던 어느 날 천지왕은 해와 달을 하나씩 먹는 꿈을 꿨어요. 아이가 생길 것을 알려 주는 태몽이었지요.

"장차 인간들의 고통을 해결할 아이가 태어나겠구나."

천지왕은 그길로 제주에 내려가 총명 부인과 결혼했어요. 그리고 총명 부인에게 박씨 두 개를 건넸어요.

"부인, 열 달 후에 아들 쌍둥이가 태어날 것이오. 첫째 아들에게는 대별, 둘째 아들에게는 소별이라는 이름을 지어 주시오. 자라서 아버지를 찾거든 박씨 두 개에서 자라난 덩굴을 타고 하늘로 올라오라고 하시오."

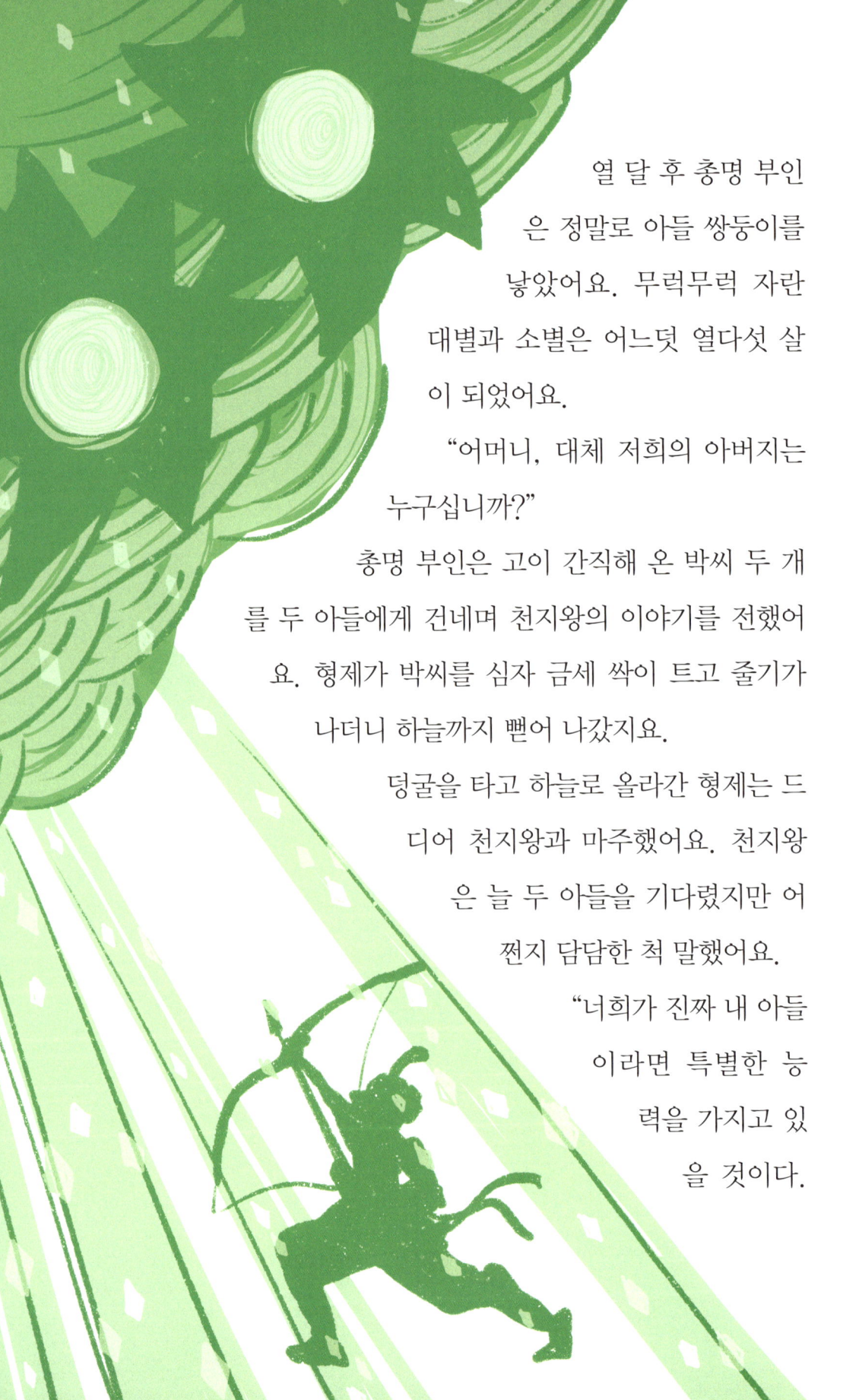

열 달 후 총명 부인은 정말로 아들 쌍둥이를 낳았어요. 무럭무럭 자란 대별과 소별은 어느덧 열다섯 살이 되었어요.

"어머니, 대체 저희의 아버지는 누구십니까?"

총명 부인은 고이 간직해 온 박씨 두 개를 두 아들에게 건네며 천지왕의 이야기를 전했어요. 형제가 박씨를 심자 금세 싹이 트고 줄기가 나더니 하늘까지 뻗어 나갔지요.

덩굴을 타고 하늘로 올라간 형제는 드디어 천지왕과 마주했어요. 천지왕은 늘 두 아들을 기다렸지만 어쩐지 담담한 척 말했어요.

"너희가 진짜 내 아들이라면 특별한 능력을 가지고 있을 것이다.

무쇠 활과 화살을 줄 테니, 이것을 가지고 인간 세상으로 내려가 너희가 해야 할 일을 찾아서 해내라."

 형제가 덩굴을 타고 땅에 내려온 순간, 두 개의 해가 지고 두 개의 달이 밝아 왔어요. 그 순간 형제는 자신들이 할 일이 무엇인지 깨달았지요.

 이튿날 새벽 대별은 동쪽으로, 소별은 서쪽으로 향했어요. 그리고 대별은 두 번째로 떠오르는 해를, 소별은 두 번째로 지는 달을 향해 있는 힘껏 화살을 날렸지요. 산산조각이 난 두 번째 해와 달은 하늘에 흩어져 별이 되었고,

마침내 세상에는 행복이 찾아왔어요.

"과연 내 아들이로다! 이제 대별은 살아 있는 자들이 사는 이승을, 소별은 죽은 자들이 사는 저승을 다스려라."

소별은 천지왕의 명령이 마음에 들지 않았어요. 형이 다스리기로 한 이승이 더 탐났지요. 소별은 오랜 궁리 끝에 꾀를 냈어요.

"형님, 이승을 잘 다스리려면 지혜가 필요하지 않습니까? 형님이 내는 수수께끼를 제가 맞히면 제가 형님 대신 이승을 다스리겠습니다."

"그렇게 하자꾸나."

대별은 소별에게 수수께끼를 냈어요. 하지만 소별은 한 문제도 맞히지 못했어요. 그런데도 거듭 내기를 청했지요.

"형님, 이승을 잘 다스리려면 생명을 잘 가꾸어야 하지 않습니까? 꽃 피우기 시합을 해서 이긴 사람이 이승을 다스립시다."

"그렇게 하자꾸나."

대별이 피운 꽃은 아름답고 생기 넘쳤어요. 반면 소별이 피운 꽃은 작고 볼품없었지요. 소별은 또 꾀를 내어 꽃을 바꿔치기했어요. 이를 모를 리 없는 대별이 끝내 내기에서 이긴 소별에게 말했어요.

"네가 그토록 이승을 원한다면 그렇게 하여라. 그러나 네가 이승을 다스리면 역적과 도둑이 많을 것이다. 살인도 많이 일어날 것이다. 내가 다스리는 저승은 맑고 청량한 법으로 다스릴 터. 이승에서 시달린 자들을 달래 줄 것이다."

대별의 말대로 정말 이승은 무질서와 혼돈 그 자체였어요. 나무와 짐승이 사람의 말을 하고, 산 사람과 죽은 사람이 뒤엉켜 서로 부르고 답했지요.

"형님, 내가 잘못했소. 나 좀 도와주시오."

"내가 혼란을 잠재워 주마. 나무와 짐승이 말하지 못하게 하고, 산 사람만 이승에 있게 하겠다. 그 다음부터는 네가 직접 다스려야 한다."

대별이 이승의 혼란을 가라앉히자 비로소 질서가 생기고 세상도 평화를 찾았답니다.

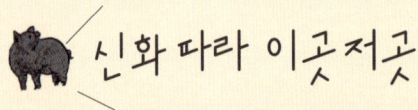 신화 따라 이곳저곳

메밀꽃이 활짝 핀 메밀밭을 구경하고, 메밀 가루가 들어간 제주의 특별한 순대를 먹어 보는 건 어떨까요?

제주 메밀밭
자청비가 하늘에서 가져온 씨앗이 메밀인 만큼, 제주는 날씨가 따뜻해서 메밀을 1년에 두 번이나 재배할 수 있어요. 그래서 메밀꽃도 5~6월과 9~10월에 두 번이나 볼 수 있지요.

삼성혈
세 신선이 솟아났다고 전해지는 곳이에요. 삼성혈 주변에는 큰 나무가 많은데, 나무들이 삼성혈을 향해 절을 한다는 전설이 전해 내려와요. 한반도에서 가장 오랜 유적으로, 봄에 벚꽃이 아름답게 펴요.

신화 따라 이곳저곳

마방목지에 있는 제주 혈통의 조랑말들은 천연기념물 제347호로 보호되고 있어요.

마방목지
세 신선이 자주색 상자를 열자 망아지가 튀어나왔다고 했지요? 그날부터 제주 말들은 제주의 넓은 초원에서 자라게 되었다고 해요. 마방목지에서 제주 혈통의 조랑말을 만날 수 있어요.

혼인지
혼인지는 세 신선이 세 여인과 결혼하기 전에 목욕을 했다고 전해지는 연못이에요. 넓은 연못과 함께 여름에는 연꽃과 수국을 볼 수 있어요.

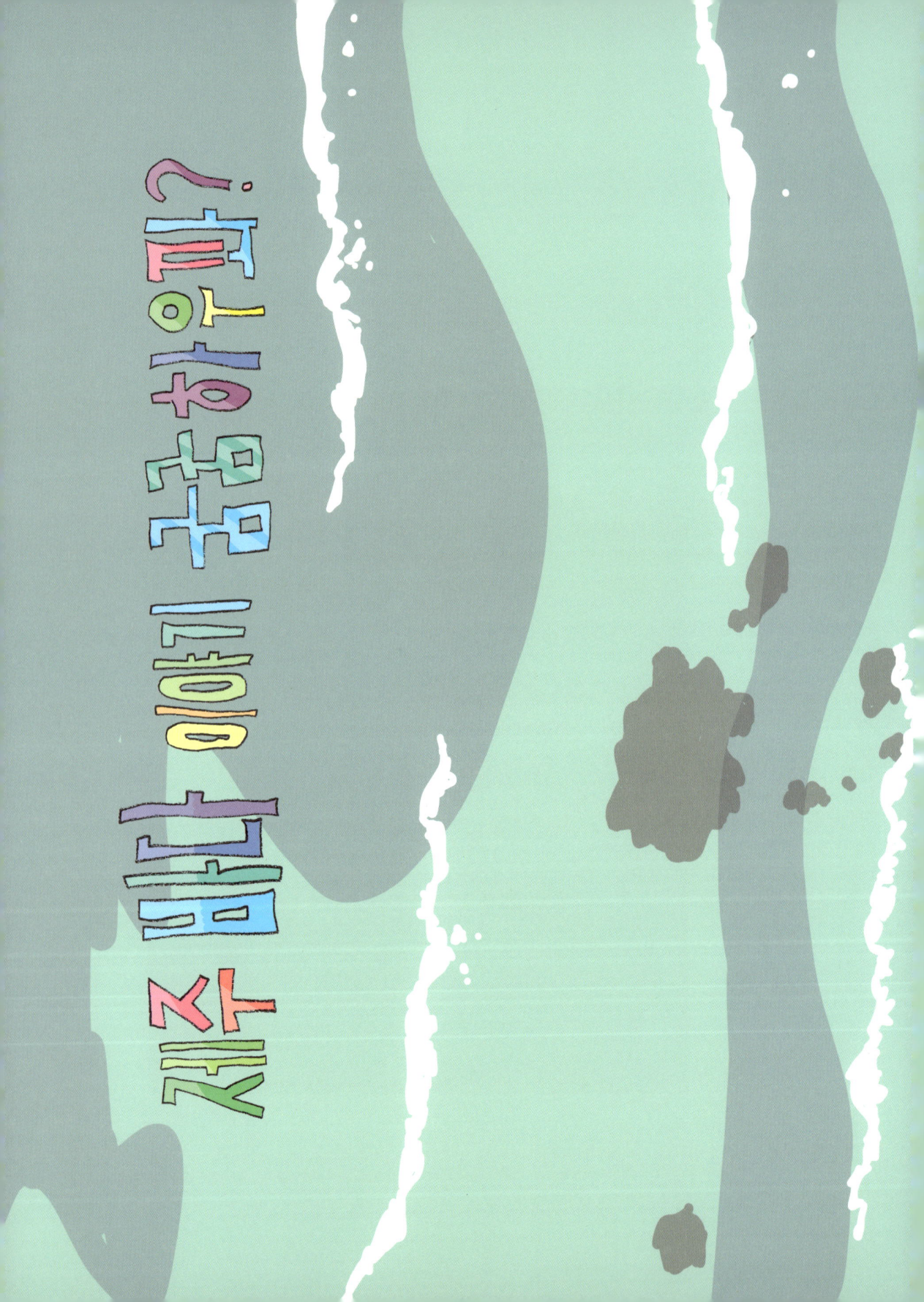

> 영등할망
> 신화

    아주 먼 옛날, 제주 바다 저 너머에 영등 할망이 살았어요. 영등 할망은 이승과 저승, 용궁을 오가며 정처 없이 떠돌았어요. 그러던 음력 2월 어느 겨울날, 제주 바다에 큰 태풍이 불었어요. 마침 영등 할망은 제주 바다에 놀러 나왔던 참이었지요.
    "바람 한번 시원하게 부는구나."

할망은 세찬 바람에 파도가 일었다 부서지는 모습을 바라보았어요. 그때 어디선가 비명 소리가 들렸어요.

"으아악! 사람 살려!"

비명 소리는 바람 소리와 파도 소리에 묻혀 아득하게 멀어졌어요.

할망은 재빨리 비명 소리를 쫓아갔어요. 그곳에는 제주 한림읍 한수리 마을의 어부들이 있었지요.

"저런, 고기를 잡으러 바다에 나왔다가 봉변을 당했구먼."

어부들을 태운 고기잡이배는 거센 바람에 속수무책으로 떠밀려 갔어요.

"쯧쯧, 하필 외눈박이 거인이 사는 섬으로 가다니. 고기 잡으러 나왔다가 무슨 봉변인지……."

외눈박이 거인은 어마어마한 체구에 무시무시한 눈이 이마 한가운데 떡하니 박힌 괴물이었어요. 흉측한 몰골이 보기만 해도 오금이 저리는데, 더 끔찍한 사실은 사람만 보면 잡아먹는다는 것이었지요.

고기잡이배는 눈 깜짝할 사이에 외눈박이 섬에 다다랐어요. 어부들은 외눈박이 거인의 섬인 줄도 모르고, 배가 뒤집히지 않아 다행이라며 가슴을 쓸어내렸어요.

"아이고, 살았다!"

"하늘이 도왔네. 거센 파도에 배가 뒤집히지 않고 무사히 섬에 닿았으니 말이야."

"정말 천만다행이야. 이제 닻을 내리세."

한편 외눈박이 거인은 난데없이 나타난 먹잇감을 어떻게 잡아먹을까 궁리했어요. 영등 할망은 외눈박이 거인에게 잡아먹힐 어부들이 가여웠어요.

"안 되지, 안 돼! 외눈박이 밥이 되게 할 수는 없지."

할망은 바람으로 파도를 일으켜 어부들의 배를 거인 눈앞에서 사라지게 만들었어요. 요깃거리가 생겨 신이 났던 거인은 고기잡이배가 사라지자 안달이 났어요.

"으아악! 먹잇감이 사라졌어. 대체 어디로 사라진 거야?"

거인은 이리저리 배를 찾느라 정신이 없었어요. 그 틈을 타 할망은 어부들을 돌려보내며 다급하게 말했어요.

"외눈박이 거인이 보기 전에 어서들 마을로 돌아가시게. 마을에 도착할 때까지 반드시 '가남보살'이라는 말을 외우며 가야 하네."

영등 할망은 신신당부하며 뱃길을 열어 주었어요.

"할망, 구해 줘서 고맙수다."

"이 은혜를 어찌 갚으면 좋을지……."

"시간이 없네. 어서들 가시게, 어서!"

어부들을 돌려보낸 영등 할망이 자리를 뜨려 하는 그때, 외눈박이 거인이 달려와 물었어요.

"할망, 여기로 떠내려온 배 한 척 못 봤소? 오랜만에 요기 좀 하나 싶었는데, 갑자기 사라졌지 뭐야!"

거인은 씩씩대며 물었어요.

"배는 무슨, 개미 한 마리 못 봤는데!"

할망은 시치미를 뚝 떼고 가던 길을 갔어요.

한편 거인의 섬에서 도망친 어부들은 무사히 제주에 다다랐어요.

"저기 한수리가 보인다."

"살았구나, 살았어!"

어부들은 이제 무사하다는 생각에 입으로 외우던 '가남보살'이라는 말을 깜빡하고 말았어요. 바로 그 순간, 큰바람이 불고 파도가 일면서 어부들의 배가 삽시간에 외눈박이 거인의 섬으로 떠밀려 갔어요. 그 모습을 본 영등 할망은 다시 한 번 어부들 앞에 나타났어요.

"이보게들, '가남보살'을 끝까지 외우라고 하지 않았나."

"고향이 보여 신나는 마음에 그만……."

"이번엔 실수가 없어야 하네. 어서들 가시게."

영등 할망이 다시 바람을 일으켜 어부들의 배를 돌려보냈어요. 그런데 그 모습을 외눈박이 거인이 보고 말았지요.

"못된 할망. 내게 거짓말한 것도 모자라서 내 먹잇감까지 빼돌려? 할망이 대신 당해라!"

영등 할망이 몸을 피하려고 했지만, 이번에는 거인이 빨랐어요. 외눈박이 거인은 커다란 손으로 할망을 잡았어요. 그러고는 할망의 몸을 조각내 바다에 던져 버렸지요.

영등 할망의 머리와 몸통은 제주 동쪽 우도와 성산에, 팔다리는 서북쪽 한수리 마을 바닷가까지 밀려갔지요.

"우리 목숨 구하고 할망이 죽으면 어찌하오."

"할망, 이 은혜를 어찌 갚으리오."

어부들은 꺼이꺼이 울었어요. 그리고 자신들을 구하고 안타깝게 목숨을 잃은 영등 할망을 신으로 모시고, 할망의 한을 달래기 위해 굿을 해 주었어요.

이때부터 영등 할망은 어부와 해녀에게 바다에서의 재앙을 막아 주는 수호신이자 풍요로운 고기잡이를 도와주는 신으로 모셔졌어요. 사람들은 영등 할망이 일으킨 바람으로 바

다에 씨가 뿌려져 소라, 전복, 미역 등의 해산물이 풍부하다고 믿었지요.

　영등 할망은 음력 2월 1일에 제주시 한림읍 귀덕리로 들어와, 음력 2월 15일에 우도를 거쳐 제주를 떠난다고 전해져요. 이 기간에 날씨가 좋으면 풍년이 들고, 날씨가 나쁘면 흉년이 든다고 해요.

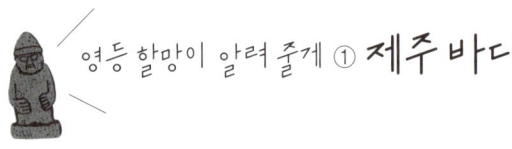 영등 할망이 알려 줄게 ① **제주 바다**

먹거리를 책임지는 바당밭

제주 사람들은 바다를 '바당밭'이라고 부르며 또 하나의 밭으로 여겼어요. 제주 바다는 차가운 한류와 따뜻한 난류가 만나는 곳이라 한류성 물고기와 난류성 물고기가 함께 있어 좋은 바당밭의 조건을 갖추고 있지요.

바당밭이 있었기에 해녀가 있었고, 해녀들이 채취하는 해산물 덕분에 제주 사람들은 먹거리 걱정 없이 살아갈 수 있었어요. 제주 바다는 해녀들의 삶의 터전인 동시에 제주 사람들의 목숨을 지켜 준 생명의 밭인 셈이에요.

다양한 해양 생물의 서식지

제주 바다에는 다양한 해양 생물이 살고 있어요. 그중 남방큰돌고래는 우리나라에서는 제주에서만 볼 수 있는 돌고래로, 등은 어두운 회색이고 배는 밝은 회색 또는 흰색이에요.

이 밖에도 제주 바다에는 청줄돔, 아홉동가리, 거북복 등 형형색색의 해양 생물이 많이 살아요. 또 각종 산호류가 화려한 바닷속 정원을 연출하기도 하지요.

해산물 천국

제주 바다에서 건져 올린 해산물은 바다의 선물이에요. 전복, 소라, 성게, 미역은 물론이고 갈치, 옥돔, 고등어 등의 물고기도 풍부하지요. 위험할 때는 먹물을 뿜고 도망가는 문어도 제주 바다에서 잘 잡힌답니다.

 영등할망이 알려 줄게 ② 해녀

물질하는 해녀

해녀는 바다에 잠수하여 해산물을 채취하는 여자를 말해요. '잠녀'라고도 부르지요. 해녀는 산소통 없이 수심 10미터까지 잠수해 해삼, 전복, 미역 등을 채취해요. 이 작업을 '물질'이라고 해요.

제주 바다에 울려 퍼지는 숨비 소리

해녀가 물속에서 숨을 참았다가 물 위로 올라오면, 참았던 숨이 터지면서 입에서 '호잇' 소리가 나요. 이 독특한 소리를 '숨비 소리'라고 해요.

망사리

옛 해녀복

해녀의 물옷과 물질 도구

옛날에는 해녀복을 '물옷'이라고 불렀어요. 면으로 만든 물소중이와 물적삼으로 이루어져 있었지요. 물소중이는 허리와 가슴까지 감싸 주는 하의이고, 물적삼은 물소중이 위에 입는 상의예요. 머리카락이 흐트러지지 않도록 머리에 물수건도 썼고요. 해녀들은 '테왁'이라는 부력을 이용한 물질 도구를 들고 물질을 했어요. 테왁이란 해녀들이 물 위에서 쉴 때 사용하는 것으로, 테왁에 '망사리'라는 그물을 달아 채취한 해산물을 담았지요. 옛날 제주 해녀들이 사용한 물옷과 물질 도구 등 15점은 제주 민속 자료로 지정되었어요.

우리가 지금 볼 수 있는 까만 해녀복은 1970년대 초부터 입었어요. 고무로 만들어진 잠수복이지요. 이전보다 바다 더 깊은 곳까지 들어갈 수 있게 되었으며, 작업 가능 시간도 늘어났다고 해요.

조선 시대의 해남

지금은 주로 여자가 물질을 하지만, 조선 시대에는 남자가 물질을 했어요. 어부 겸 잠수부로 일하는 해남을 '포작인'이라고 불렀지요. 포작인은 수심이 깊은 곳에서 전복과 소라 등을 채취해 임금에게 바쳤어요. 당시 해녀는 수심이 얕은 곳에서 해조류만 채취했어요.

물질은 너무나 위험하고 고된 일이었어요. 그래서 날이 갈수록 물질을 하다가 사고로 죽는 포작인이 생겼고, 남은 포작인은 육지로 도망치기 시작했어요. 하지만 조정에서는 근본적인 문제를 해결하지 않았어요. 급기야 해녀들에게 포작인의 일을 떠넘겼지요. 그때부터 해녀가 물질을 도맡았어요.

일제 강점기에 거리로 나선 해녀들

1932년, 1천여 명의 제주 해녀가 '해녀의 노래'를 부르며 거리로 나왔어요. 머리에 흰 물수건을 동여매고 손에 호미를 들고 있었지요. 전복의 가격을 무리하게 깎는 일본의 착

취에 맞서 싸운 거예요. 해녀들의 항쟁은 세계 역사 어디에도 없었어요. 제주 해녀 항거 운동은 부당한 일을 당하면 힘을 모아 일어서는 제주 해녀의 모습을 잘 보여 주어요.

제주의 살아 있는 역사

제주 바닷가에는 해녀들이 옷을 갈아입거나 물질 중에 불을 쬐며 쉬는 곳인 '불턱'이 있어요. 돌담을 쌓아 바람을 막고 노출을 피하기 위하여 만든 곳이지요. 그런데 불턱을 드나드는 해녀들이 점차 줄고 있어요. 새로 해녀가 되겠다는 사람이 많지 않기 때문이에요. 물질이 너무 힘든 데다 환경 오염으로 해산물 수확도 예전 같지 않거든요.

이에 제주에서는 해녀 문화를 보존하기 위해 해녀 학교와 해녀 박물관을 운영하고 있어요. 또 해녀는 국가 무형 문화재 제132호로 지정되었고, 유네스코 인류 무형 문화유산으로 등재되었어요.

불턱

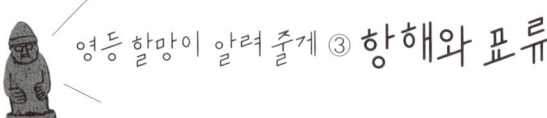 영등 할망이 알려 줄게 ③ 항해와 표류

험한 바닷길

제주 사람들은 배를 타고 바다로 나가 물고기를 잡고, 육지로 쌀 등의 물품을 사러 가고, 임금에게 바칠 특산품을 수송해야만 했어요. 하지만 제주의 바닷길은 험하기로 유명했지요. 그래서 항해 중 예상치 못한 풍랑으로 목적지에 닿지 못하거나, 일본 대마도 등에 표류하기도 했지요. 다른 나라 사람이 제주로 흘러드는 일도 잦았어요.

새로운 세계와 마주하는 뜻밖의 여정

표류는 뜻밖에 신문물을 접하는 계기가 되기도 했어요.

조선 제9대 왕 성종 때 제주의 관리였던 최부는 아버지 장례를 치르러 뱃길에 올랐다가 중국에 표류해 5개월 만에 돌아왔어요. 표류 과정은 험난했지만, 최부는 15세기 중국 명나라 시대의 강남과 강북을 모두 살핀 최초의 조선인이 되었어요. 그래서 최부가 조선에 돌아와서 쓴 《표해록》은 표류기인 동시에 견문록이 되었지요. 최부가 기록한 중국의 수차 제작법과 이용법은 훗날 충청도 지방에 가뭄이 들었을 때 도움이 되었어요. 수차는 물을 높은 곳으로 퍼올리는 기계예요.

제주 사람 장한철, 표류기를 남기다

1770년 조선 제21대 왕 영조 때 제주 사람 장한철은 과거를 치르기 위해 배를 타고 한양으로 향했어요. 그러다 일본의 한 무인도에 표류하게 되었지요. 1771년, 우여곡절 끝에 다시 조선 땅을 밟은 장한철은 두 번 더 과거에 도전했고, 끝내 관직을 받았지요. 장한철이 남긴 또 다른 《표해록》은 국립 제주 박물관에 있어요.

제주에 떨어진 이방인

외국인들이 제주에 표류하는 일도 있었어요. 1653년 조선 제17대 왕 효종 때, 네덜란드 무역선이 제주 해안에 표류했어요. 조정에서는 네덜란드 선원들을 붙잡아 순천과 여수 등으로 보내고, 네덜란드로 보내 달라는 선원들의 요청을 거절했어요. 13년 뒤 선원들은 마침내 네덜란드로 돌아갔어요. 그중 하멜이란 사람이 표류기를 남겼는데, 그게 바로 우리가 잘 알고 있는 《하멜 표류기》예요.

하늘로 오르지 못한 용

　아주 먼 옛날, 제주 북쪽 바다 깊은 곳에 이무기 한 마리가 살았어요. 깊고 어두운 바닷속에서 꿈틀거리는 게 전부였지만 커다란 꿈을 가지고 있었어요.
　"바닷속에서 천 년을 버티면 용이 되어 하늘로 날아오를 수 있어. 조금만 참고 견디자!"
　천 년이란 세월은 너무나 길고 지루했어요. 하지만 이무기는 언젠가 용이 되어 하늘로 날아오르는 자신의 모습을 상상하며 힘을 냈어요.
　"반짝이는 푸른 비늘과 날카로운 발톱. 멋진 수염과 부리부리한 눈까지. 용이 되면 보잘 것 없는 이무기의 몸은 벗어던지고 멋진 모습으로 훨훨 날 거야. 어두컴컴하고 차가운 바다는 곧 안녕이라고."
　마침내 천 년의 시간이 흘러 이무기는 용이 되었어요.

"내가 정말로 용이 되다니! 이제 옥구슬만 손에 넣으면 돼."

용이 되었다고 바로 날아오를 수 있는 건 아니었어요. 한라산 신령의 옥구슬이 필요했지요. 하지만 한라산 신령이 이무기에게 구슬을 내줄 리 없었어요. 세상에 단 하나뿐인 신비하고 기묘한 보물이었거든요.

"옥구슬을 어떻게 손에 넣는담……."

용이 된 이무기는 옥구슬을 찾아 한라산 신령이 사는 곳으로 갔어요. 멀리서 살금살금 엿보니 정말 신령 옆에 옥구슬이 있었어요. 하지만 신령은 옥구슬 근처에서 꿈쩍도 하지 않았지요.

"자그마치 천 년의 세월을 견뎠어. 옥구슬을 가질 수만 있다면 천 년이라도 더 기다릴 수 있어. 다시는 차가운 바닷속에서 꿈틀대며 살진 않을 거야. 신중하게 생각하자. 여기서 일을 그르치면 안 돼."

이무기가 마음을 다잡은 그때, 신령이 잠시 자리를 비우는 게 아니겠어요? 이무기는 고민할 새도 없이 재빠르게 신령의 옥구슬을 훔쳐 달아났어요.

이무기는 신령에게 들키지 않으려고 용연 계곡을 통과해

한라산을 내려왔어요. 그리고 마침내 바닷가에 닿았어요.
"드디어 하늘을 나는구나! 나는 더 이상 바닷속에서 꿈틀거리는 이무기가 아니야."
이무기가 옥구슬을 입에 물고 날아오르려는 순간, 어디선가 화살이 날아왔어요.
"으윽!"
화살에 맞은 이무기는 몸을 비틀거리며 바다로 떨어졌어요. 옥구슬이 사라진 것을 알아차린 신령이 화살을 날린 것이었지요.
"감히 나의 옥구슬을 훔쳐? 어림없지."
"분하다. 다시 바닷속으로 떨어지다니!"
어렵게 용이 되었지만 끝내 하늘로 오르지 못하고 죽은 이무기는 억울한 마음에 바다에 잠기면서도 하늘을 향해 울부짖었어요. 그리고 그 모습 그대로 바위로 굳어졌지요.
그렇게 용의 머리만이 바다 위로 솟은 용두암이 만들어졌어요. 바위가 되어서도 끝내 미련을 버리지 못한 듯, 용두암

은 바다로 완전히 가라앉지 않고 하늘을 향해 있지요. 바다도 꿈을 이루지 못한 용을 안타까워하는지, 유독 이곳의 바다는 잔잔하다고 해요.

은혜 갚은 인어

먼 옛날 제주 한림읍 귀덕 앞바다에 인어가 살았어요. 상체는 사람, 하체는 물고기의 모습이었지요.

인어는 낮에는 바다에서 헤엄을 치고 밤에는 물 밖으로 나와 사람처럼 숨을 쉬었어요. 마을 사람들은 매일 밤 바닷가에 나타나 숨을 돌리는 인어의 존재를 알았지만 일부러 모른 척했어요.

"인어가 쉬고 있네. 인어가 부담스러워할 수 있으니 못 본 체하자고."

"그래, 좋은 생각이네."

그러던 어느 날 바닷속을 헤엄치던 인어가 큰 물고기에게 물리고 말았어요. 온몸이 만신창이가 되었지요. 인어는 바닷물이 상처에 안 좋다는 것을 알고 고민했어요. 고민하는 사이 상처는 더욱 깊어져 목숨까지 위태로워졌지요. 결국 인어는 결심했어요.

"이대로는 안 되겠어. 바닷가 마을에 있는 샘물에서 상처를 씻어야겠어."

아픈 몸을 이끌고 샘물에 도착한 인어는 주위를 둘러볼 겨를도 없이 상처를 씻었어요. 마침 샘물 근처에서 마을 사람들이 빨래를 하고 있었어요. 모두들 평소와 같이 인어를 모른 척했지요.

인어는 재빨리 상처를 씻고 바다로 돌아갔어요. 돌아가는 길에 인어는 마을 사람들의 무관심이 자신을 위한 배려라는 것을 깨달았어요. 무심한 척 받아 주고, 언제든 마음 편히 쉬었다 가라는 뜻이라는 걸요. 인어는 마을 사람들에게 고맙다는 인사를 남겼어요. 물론 마을 사람들은 인어의 말을 듣지 못했지만요.

다음 날부터 마을에 신기한 일이 벌어졌어요. 인어가 상처를 씻은 샘물이 뭔가 달라진 게 아니겠어요? 어떤 병도, 상처도, 샘물에 몸을 씻기만 하면 모두 말끔히 나았어요.

"이보게, 샘물에 몸을 씻었더니 병이 나았어!"

"그게 정말이야? 나도 씻어 볼래."

그때부터 사람들은 인어가 다녀간 샘물을 '굼둘애기물(굼

들레기물)'이라고 불렀어요. '굼둘애기'란 물오리가 물고기를 잡으려고 바닷속으로 재빠르게 들어가는 모습을 뜻하는 말이에요. 인어가 상처를 씻고 바다로 사라지던 모습과 똑 닮은 말이지요.

마을 사람들은 인어가 자신들의 배려에 은혜를 갚았다고 믿었답니다.

신화 따라 이곳저곳

영등 할망 신화 공원에는 영등 대왕 외에 영등 하르방 석상도 있어요. 영등 하르방은 영등 할망에게 씨앗을 주는 신이에요.

영등 할망 신화 공원
영등 할망 석상이 놓여 있는 공원이에요. 영등 할망이 오기까지 긴 겨울을 지키는 영등 대왕(오른쪽) 석상도 있지요. 영등 대왕은 영등 할망을 돕는 신이에요.

복덕개 포구
영등 할망이 음력 2월에 제주로 들어올 때 맨 처음 통과하는 곳이에요. 영등 할망 때문에 '복'과 '덕'이 들어온다고 하여 복덕개 포구라고 불려요.

신화 따라 이곳저곳

제주 한림읍에는
금능 해변도 있어요!

협재 해변
협재 해변은 영등 할망 신화에서 고기잡이를 나갔던 어부들이 살았던 한림읍에 있는 바닷가예요. 제주의 여러 해변 중 물이 맑고 투명하기로 유명해요.

해녀 박물관
제주 해녀가 실제로 사용하던 물건을 관람할 수 있어요. 제주 해녀의 일터, 생애 등을 살펴볼 수 있지요. 제주 해녀 항일 운동 기념탑도 있어요.

99

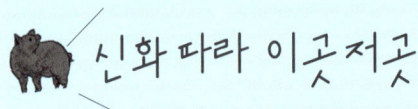
신화 따라 이곳저곳

용두암과 용연 계곡은
아주 가까이 있어요.
두 곳을 함께 여행하며
'하늘로 오르지 못한 용' 이야기를
떠올려 보아요.

용두암
하늘로 오르지 못한 용이
바위가 되었다고 했지요?
용이 굳어서 된 바위가
바로 용두암이에요. 정말
용이 울부짖고 있는
것처럼 생겼어요.

용연 계곡
하늘로 오르지 못한 용이
신령의 옥구슬을 훔쳐
달아났던 계곡이에요.
굽이져 있어 용이 몸을
숨기기에 좋았을 거예요.

신화 따라 이곳저곳

> 인어 조각상과 굼둘애기물도 걸어서 5분도 안 되는 거리에 있어. 함께 보기 좋아요.

인어 조각상
'은혜 갚은 인어' 전설을 살펴볼 수 있는 인어 조각상이에요. 인어가 바닷가 마을에서 편히 쉬고 있는 모습을 상상해 만들었지요.

굼둘애기물
인어가 몸을 씻고, 사람들의 상처를 낫게 해 주었다는 샘물이에요. 바닷물 수위가 낮으면 샘물 근처에 가 볼 수 있어요.

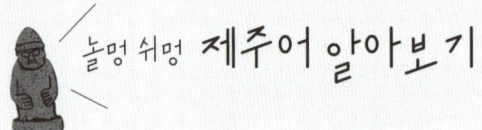 놀멍 쉬멍 제주어 알아보기

제주어는 우리나라 제주에서 사용하는 방언이에요. 섬이라는 지리적 특성 때문에 육지와는 조금 다른 한국어를 사용하게 되었지요.

신화를 따라 제주 이곳저곳을 여행하다 보면, 제주어가 적힌 안내판 또는 간판, 제주어를 쓰는 사람을 만날 거예요. 생소하지만 재미있는 제주어를 놀멍 쉬멍 알아보아요. 참, 놀멍 쉬멍은 '놀면서 쉬면서'라는 뜻이에요!

먼저 단어 몇 개를 알아보아요. (제주어 → 표준어)

할망 → 할머니	지실 → 감자
바당 → 바다	지집 → 여자
하르방 → 할아버지	강생이 → 강아지
올레 → 골목길	소나이 → 남자
어멍 → 어머니	고냉이 → 고양이
감저 → 고구마	좀녀 → 해녀
아방 → 아버지	도새기 → 돼지

여행 중 들을 수 있는 문장들도 살펴보아요.

안녕허우꽈? → 안녕하세요.
혼저 옵서. → 어서 오세요.
어디서 옵데가? → 어디서 왔어요?
맨도롱하우꽈? → 따뜻한가요?
폭싹 속았수다. → 매우 수고했습니다.
촘말 맛조수다게. → 정말 맛있어요.
무사? → 왜?
왕 방 갑서. → 와서 보고 가세요.
맵지롱하고 쫍지롱하다. → 맵고 짜다.
곱딱하다. → 예쁘다.

어때요? 제주어 하나하나 정말 신기하고 재미있지요?

이렇게 매력적인 제주어이지만, 안타깝게도 사용하는 사람이 줄어들면서 사라질 위기에 처했어요. 그래서 제주는 2007년에 '제주어 보전 및 육성 조례'와 '제주어 표기법'을 제정하고, 공식적으로 '제주어'라는 이름을 사용하며 제주어 지키기에 나섰어요. 제주어는 우리 모두 함께 보존하고 전승해야 할 문화유산이에요.

사진 출처

32쪽 | 한라산 백록담 ⓒ한국관광공사 권용의, 쇠소깍 ⓒ한국관광공사 박흥순
33쪽 | 산방산과 용머리 해안 ⓒ한국관광공사 김천규, 성산 일출봉 ⓒ한국관광공사 전형준
34쪽 | 영실 기암 ⓒ한국관광공사 김지호, 만장굴 ⓒ한국관광공사 김지호
35쪽 | 거문 오름 ⓒ한국관광공사 김지호, 우도 ⓒ한국관광공사 김지호
70쪽 | 제주 메밀밭 ⓒ한국관광공사 김지호, 삼성혈 ⓒ한국관광공사 이범수
71쪽 | 마방목지 ⓒ한국관광공사 이범수, 혼인지 ⓒ문화재청 공공누리
98쪽 | 영등 할망 신화 공원 ⓒ우정희, 복덕개 포구 ⓒ우정희
99쪽 | 협재 해변 ⓒ한국관광공사 유형민, 해녀 박물관 ⓒ한국관광공사 이범수
100쪽 | 용두암 ⓒ한국관광공사 라이브스튜디오, 용연 계곡 ⓒ우정희
101쪽 | 인어 조각상 ⓒ우정희, 굼둘애기물 ⓒ우정희